Die Mundart der kleinen Dinge

Roland Zoss

Z BÄRN IM ROSEGARTE

Die Mundart der kleinen Dinge

Lieder & Gedichte

Roland Zoss

Impressum

Bibliografische Information der
Deutschen Nationalbibliothek - CIP
Einheitsaufnahme
Zoss, Roland:
Z Bärn im Rosegarte / Roland Zoss - BoD
2025
ISBN: 978-3-7693-0962-1
© 2025 by Roland Zoss, 1. Auflage
CH-3147 Mittelhäusern

Verlag: BoD · Books on Demand GmbH,
In de Tarpen 42, 22848 Norderstedt,
bod@bod.de
Druck: Libri Plureos GmbH,
Friedensallee 273, 22763 Hamburg

Ja, i gspüre d Zyt isch da
Wo-n i mues my chlyni Stadt verlah
ga luege wi die Wält usgseht
wo me ganz anders tuet u redt
wo-n es no ne Platz für Tröimer het:
I ga nach Amerika!

Ja, i gspüre d Zyt isch da
Wo-n i myni Fründe muess verlah
Wüll i ehrlech ohni z hüchle
Wett der Muet ha andri z strychle
all die alte Ängst z verschüche
wo-n üs nümm löh läbe lah

We d Sunne höch am Himu steit
u der Schnee vo de Chnoschpe gheit
de chume-n i wider hei
de wott i uf di warte z Bärn – im Rosegarte

Ja, i gspüre d Zyt isch da
wo me eifach zur Wält sött stah
zu dere wo men i sech inne treit
zu dere wo me druffe steit
das mer ändlech, wi's isch gseit
d Ärde chöi zu Heimat ha

We d Sunne höch am Himu steit
u der Schnee vo de Chnoschpe gheit
de chume-n i wider hei
de wott i uf di warte z Bärn – im Rosegarte

Gitarre u Poesie 2001

Wo-n i noch chlyne Chnopf bi gsi
da het my Tante gmeint
i syg no ne Schuehgrössi z chly
für uf d Weid z gah mit em Vieh

Wo's i de Hose het afa rumore
het der Pfarrer usgrüeft wie ne Moore
I sygi z jung für ga desume z schmuuse
a unschuldige Meitschi-Bluuse

Wo der Leischt mi het dragno ir Rächnigsstund
bin i vor Schiss doch fasch verreckt
und är het gmeint i sygi z dumm
und heig ke Chance für i d Sek

Ir Stifti hei mir heavy Lieder gsunge
und uf der Strass mit Tschugger gschwunge
U d Lütt hei vom Trottoir gmööget:
erschiesset doch das Pack
und ab nach Moskou im ne Ghüdersack

Wo-n i bi uszoge übere gross blau Teich
het der Père mir gseit: «Was machsch da
für ne Seich?»
Was wosch ga umereise i der Goboy-Wält
wirsch nume chrank u hei chunnsch ohni Gäld

U jitz wo-n i uf der Bühni stah vom Läbe
het me mir gseit es sygi äbe
eifach no schön das i syg blibe wie-n i bi
mit der Gitarre und em Härz voll Poesie

Hie ir Frömdi Lied | «Härzland» 1997

Er isch e grosse Dichter
uf der Flucht vor de Richter
us emne grosse Dichtervolk
wo me wäg de Bärt von es paarne Mullahs
jede hänkt wo dänkt
u sech d Meinig z säge trout

We hie wo ner sech häre gflüchtet het
e schwäre Mond am Himmel steit, sy uf
zmal vor syre Tür bruuni Schatte, wo
Lieder gröle vor Vergangenheit: «Soldat,
Kamerad, fass Tritt Kamerad, geschultert
die Gewehre…!»

Uf einisch isch er wach nimmt e Satz
u ghört e Stimm wo grännet vo wyttem

ischs e Chatz oder es Ching?
Oder isch es vilecht öppe
d Stimm vom Fründ,
wo me folteret und jitze fertigmacht!?

We früech am Morge
d Sunne über d Bärge schynt,
ds Fernseh zeigt de Lüt wi ds Wätter wird
kreise schwarzi Vögel über em Asphalt,
ergattere chly Brot u chräije: «Chalt!»

Er isch hie ir Frömdi u d Frömdi drin i ihm
i de gottverlassne graue Stedt
vo Mailand bis Berlin

Er isch e Dänker und isch dankbar
das er cha säge was er alles dänkt
wenn er wieder mal muess aastah
und ihm ds Fröilein uf der Gmeind es
amtlechs Lächle schänkt

D Ching göh beid i Schuel hie im Quartier
mängisch i d Huus mit em Schwyzerchrütz
si singe änglisch Lieder schutte im Klub
u rede mit der Muetter scho chly
Schwyzerdütsch

Er isch hie ir Frömdi u d Frömdi drin i ihm
i de gottverlassne graue Stedt
vo Mailand bis Berlin

Er isch e Dichter und er schrybt und
schrybt wen er ir Nacht nid yschlafe cha
für ne besseri Zuekunft u Zyt
zwüsche de Pink Floyd un em Franz Kafka

Sys Bleistift gleitet lysli über ds Blatt vo
rächts nach links
der Härzschlag treit ne
bis a ds Ändi vor Nacht
e Vogel flügt uf vom Sims

Rägeboge Lied | «JimmyFlitz-Hits1» 1995

I wett i wär e Sunnstrahl
so warm u guldig gälb
de chönnti glänzen i dym Haar
und uf der ganze Wält

I wett i wär e Matte
voll Blueme u vo Chlee
u dä wo uf mer tanze tuet
dä hätti ke Kummer me

I wett i wär all Farbe
im Rägeboge drin
u mache nach em Gwitter
e Brügg zu allne Ching

I wett es gluschtigs Beeri sy
u däm wo vo mir schläckt
däm machen i uf sys Hemmeli
so ne gruusig rote Fläck

I wett i wär es Wulcheschiff
chly Wyss chly Rosarot
De würd i reise rings um d Wält
der Wind wär my Pilot

I wett i wär all Farbe
im Rägeboge drin
u mache nach em Gwitter
e Brügg zu allne Ching

Tschou Sepp 1999

Wie geit's
was chrampfisch ging?
meh Stütz, meh Büetz
u spät i ds Bett
e Jass, e Gspass
im Internet
Tschou Sepp du Depp
was stampfisch nie
u chrampfisch ging
u schlafisch schlächt
u byssisch dry
weisch nid für wän
u bugglisch ging
u geisch derby
mit jedem Nid-di-sälber-Sy
es Schritteli
es Träppeli
nidsi
zu dym Grebli hi

I ha mi i ne Polizist verliebt 2000

O Mamma, o Mamma
I ha mi i ne Polizist verliebt

Er hett so chächi Füdlebacke
und a der Uniform e coole Zacke
wo-n i mit Hundert Sache bi cho z bloche
het er mi aaglacht, statt yzloche

Wi Tannenescht sy syni Arme
er het mit Sünderinne erbarme
und Ouge blau wi der Thunersee
We dry luegsch isch es um di gscheh

O Mamma, o Mamma
I ha mi i ne Polizist verliebt

Het er Nachtdienst git's nüüt me z lache
für so Type wo uf Rambo mache

E churze Blick, e Ruck, e Chutt
e Griff a ds Gnick u de bisch furt

Ar Pfingste wett er nach Ibiza
Doch i wett z Bärn i ds Tibits gah
wüll drum am Meer mit Strand u so
het's mi scho mal bös ynegno

O Mamma, o Mamma
I ha mi i ne Polizist verliebt

Letscht Nacht im Bett het er verrate
Er wett mi schütze bis i Tod
und wen es Polizistli würd cho z graagge
chiem ihm das ou grad kommod

Wüll i bi Rot nid gstoppet gha
Und nume uf de Stockzäng gfluechet
Wird e Tschugger äuä jitz my Maa
u du-n es Grosi, gäll Mamma!

Im Getto Lied | McDavies/Elvis/Zoss 2003

We's der Schnee verwäijt
am ne chalte graue Wintermorge
wird es chlyses Ching geboren im Getto
D Muetter mah fasch nümm
wüll alls was sie jitz nid bruuche cha
isch es hungrigs Muu meh am Tisch im Getto

He säg mal, merksch es nid?
Das Ching bruuchti di, wo-n im zeigt wohi
Süsch chönnt's de no mal schreg mit ihm usecho
Nimm doch nume di u mi
mir luege vilecht einisch hi
aber hei ke Zyt, göh drann verby
u tüe-n eso, als syg nüüt gsi

U die Jahr vergöh
u me gseht eine dür d Strasse striele
i z grosse Schueh mit frömde Giele im Getto
Und er fingt's no cool
und er lehrt ir Nacht i dunkle Quartier
fighte u deale, u flieh vor der Schmier im Getto

Und einisch wo's ihm dräckig geit
verreist er vo deheim
nimmt e Knarre u Patrone mit
chlaut e Charre, aber chunnt nid wytt
U sy Muetter ghört
wi zmitts ir Nacht vom Ändi vor Strass
e Stimm se rüeft u verbricht wie Glas uf Beton

Wo dä jung Maa stirbt
am ne chalte graue Wintermorge
wird es chlyses Ching geboren im Getto
We's der Schnee verwäijt...

Ds Gschänk Kloster Hauterive 2002

I wett der schänke, was i ha
e wilde Würbel i der Aare
e Boum wo dranne Tröim tüe wachse
es Lied us mir Gitarre

Es Huus wo drinne d Liebi wohnt
es Dach wo schützt bi Räge
e Garte voll vo Miesch u Mohn
e wildi Rose näb der Stäge

I wett der schänke, was i cha
zwöi Ouge und zwöi Ohre
es Lächle wo nid tuet vergah
we ds Lache hesch verlore

E Bärg i syre Gletscherrueh
ds Farbespiel im Rägeboge
myni alte Chinderschue
wo d Jahr mer hei abzoge

Derzue es Härz voll Wermi
e Fuessete voll Ferni
uf dym Schoss es schnusigs Ching
wo lüchtet wi ne Stärn vo inn

I wett der schänke, was i ha
es Tassli Tee mit Honig dra
das Bitzli Zyt wo mer no hei
es Bett mit nüüt als Zärtlechkeit

Ei Tag us mym Läbe
Ei Ton us mym Lied
wett i der gäh, grad äbe
so wie ne Boum der Schatte git

I bi nes Lied (für Role R.) 2010

I bi nes Blatt am Boum wo dräijt
Bi ne Gschicht vom Wind verwäijt
I bi ne Gschicht, es Lächle i dym Gsicht

I bi nes Blatt im Tagebuech
Bi der Wind im Sägeltuech
I bi ne Gschicht, es Zeiche i dym Gsicht

I bi nes Blatt am Boum wo gheit
Bi d Lust u bi der Schmärz wo seit:
I bi dy Gschicht, es Lüüchte i dym Härz

I bi nes Lied wo mit dir geit
bi d Strofe wo di treit
I bi ne Gschicht, es Lied
wo zu der seit:

Du bisch es Blatt am Boum wo dräijt
bisch e Gschicht vom Wind verwäijt
du bisch e Gschicht, es Lächle im ne Gsicht

Ds Gheimnis Lied | «SingDing» 2011

Wär i ne See höch obe i de Bärge
würd i der Himmel spiegele uf d Ärde
Wär i ne Stei de chönnt i dir viel brichte
eso steialti, ewigi Gschichte
Wär i der Schnee, de würd i lysli chroose
und als Lawine dür ds Tal ab toose

Wär i nes Schiff, de chönntisch du my
stüüre
dür siebe Meer düre abentüüre
Wär i ne Vogel würd i di mit mer trage
uf starche Flügel vom Morge bis am Abe
Wär i ne Quelle, e Brunne vor dym Huus
de liess i di trinke druus

Doch i weiss nid was i bi, weiss nid was i
cha – weiss nume, das i so viel chönnti sy
vo all dene Sache da

Wär i ne Balle chönntsch mi schutte
uf em Rase
Wär i ne Rose würd i dufte i der Vase
Wär i nes Buech, de chönntisch du mi läse
und ga reise wie d Häxe uf em Bäse
Wär i dys Chüssi
u du wettsch chlafe nöime
de wüsst i ging, was tuesch tröime

Doch i weiss nid was i bi, weiss nid was i
cha – weiss nume, das i so viel chönnti sy
vo all dene Sache da

Wär i ne Hund, de würd i di bewache
Für dass der niemer öppis chönnti mache
Wär i nes Füür, de würd i für di füüre
u für d Mönsche im Winter, wo tüe früüre
Wär i nes Gheimnis, de würd i schwyge
und für immer es Gheimnis blybe

Ds Orchester Mordszart 2013

Der Monsieur mit der Bratsche
Chunnt als erste z latsche
Vo Züri der Trumpeter
stolziert i Saal chly speter
Der Gigolo ar Pouke
Geit schnäll no eis ga rouke

Jitz chöme siebe scharfi Gyge
wo sech tüe weich a d Ohre schmiege
Und der italiänisch Bello
strichlet der Bart und de sys Cello
D Harfe-Fee mit offne Haar
gryft i d Saite wunderbar

De chunnt der gross Momänt
Der Herr im Frack, der Dirigänt
steit höch uf syni Zäijespitze
und tuet mit em Stäckli zile

bis d Musig schön im Takt tuet spile
und abertuusig Ängelsstimme
vom Himu abe föh aa singe

Jede jedi weiss Lied | «Härzland» 2003

Jede jedi weiss wo wird gjasset wird gloge
jede treit e Glücksstei a sym Ring
Jede jedi weiss mer sy guet erzoge
sogar no der Souhoung in üs inn
Jede jedi weiss bschisse wirsch ging glych
Arm blybt Arm u Rych blybt Rych
ei Tüfelskreis – jede jedi weiss

Jede jedi weiss das Schiff sinkt gly
wo mer druffe reise, kene weiss wohi
Jede jedi het so nes Gfüehl im Buuch
als chiemi o der Käpt'n nümm so druus
Jede treit sy Seel im Portmonee
u holt sech d Wält hei am Fernseh:
Bluet, Träne, Schweiss – jede jedi weiss

Jede jedi weiss vom Ching zum Greis
's dräijt sech alls im Kreis, jede jedi weiss

Jede jedi weiss es isch jitz oder nie
Jede jedi weiss 's trifft di oder mi
Jede wetti cool sy u jung für ging
e jede wett e Star sy mit Guld ir Stimm
Jede jedi weiss ds Gschäft isch versiechet
jede Büetzer chrüpplet u chyychet:
Ei Stress, ei Steiss – jede jedi weiss

Jede jedi weiss es d Zyt isch da
jede jedi gspürt es brönnt unghüür
Alles wo mer hei als Frou u Maa
isch nume ja der Rouch vom ne ewige Füür
Jede jedi weiss 's chunnt alls mal uus
drum stoss jitz aa i giben eis uus!
' s gyt eh nüüt Nöijs – jede jedi weiss

Jede jedi weiss vom Ching zum Greis
's dräijt sech alls im Kreis – jede jedi weiss

Jede jedi weiss dass voll im Seich bisch
Jede jedi weiss was hesch düremache müesse
Vo de Türm vo Neu-York
zur Gotthardtunnelhöll
chasch's a jeder Chrützig bluetig büesse
Jede jedi weiss 's geit nümm so lang
drum nimm dys Härz jitzt mal i d Hand
am Änd vor Reis – wo jede jedi weiss

Bueche Lied | «Baumlieder 1» 2018

Wo-n i no chly u gschyd bi gsi
der Wald so gross wie d Wält
han i mir e Hütte bout
höch oben i den Escht

S isch so ne stolzi Bueche gsi
mit tuusig Bletter dra
sie redt nid viel, lost mer zue
u mir chöi üs verstah

Wo-n i no bi ne Indianer gsi
Bluetsbrueder vo de Bueche
han i versteckt im Bletterwald
alls gha wo-n i bruuche

Sie ströit mit ihrer grosse Gstalt
Buechenüss i Wald
macht de Tier, wo schlafe wett
us chupfergälbem Loub es Bett

D Bueche hei e gheime Bund
im grosse Rych vom Wald
sie strecke sech d Wurzle zue
u gäh enander Halt

S git schöni u git wüesti Täg
s git Büecher, wo eim blybe
i ha mit de Buechestäb
im Wald us afaa schrybe

Wo-n i no bi ne Indianer gsi
Bluetsbrueder vo de Bueche
han i versteckt im Bletterwald
alls gha wo-n i bruuche

Gang mit em Härz 2021

Chumm sing u reis mit dyre Stimm
vo Ton zu Ton, vo Sinn zu Sinn
sing di dür d Wunder vo der Wält
schön wytt ewägg vo Guld u Gäld

Weisch, hinger jedem Wort da steit
dä dunkel Gluscht nach Ewigkeit
nach nümme sölle, nümme müesse
alls wo chunnt ganz eifach gniesse

Chumm mit u reis mit dyre Stimm
chumm i das Lied, wo-n i der sing
gang mit em Härz, wo immer jung
a ds Läbe chlopfet Stund um Stund

Strahlendi Stadt Lied | «Härzland»
SriLanka 1979

Lue wi d Bärge lüchte rot
d Sunne wo ungergeit
der Hardermaa mit syre Rasta-Fryse
lost, was d Byse für ne Gschicht verzellt

Über de Gletscher wätterlüchtets
d Schneechünigin macht sech parat
steckt sech früschi Ysblueme i ds Haar
für ds Fest ir strahlende Stadt

Der James Dean i sym Silber-Bolide
blochet d Milchstrass düruus
Ängle, sie bätte u tanze i de Flamme
si brönne für ne himmlische Kuss

D Seele vo dene, wo z früech sy ggange
di stygen jitze usem Grab
u stöh zäme i hälle Schare
am Highway zur strahlende Stadt

Der Bob Dylan u der Rimbaud singe
vom Chilcheturm vo Nôtre-Dame
ihri verruckte Tröim u Visione
das d Herren uf der Strass blybe stah

Der Dändy mit de gschliffne Schueh
stellt sys Hüüler-Händy ab
u suecht im Fuetter vor Läderjagge
der Pin-Code zur strahlende Stadt

Im Schatte vo re Windmühli hocket
e so ne truuregi spaneschi Gstalt
lost, wi sech der Mühlistei dräijt
wo d Schmärze vo der Ärde mahlt

Uf einisch ghört mes trumele ir Nacht
e Vogelschwarm häbt ab
zu syre länge Reis nach Süde
im Flug zur strahlende Stadt

Uf em Fels vo Sigiriya
brönnt scho ds Bambus-Chünigshuus
Sklave rette alls, wo sie chöi trage
mit blosse Händ und o bluttfuess
Elefante schwär belade
mit Guld, Syde und Smaragd
si göh uf vergässene Pfade
der Wäg zur strahlende Stadt

Es git e Zyt Lied 2012

Alles chunnt u alles geit
e jedes Ding het syni Zyt
D Ärde reist dür d Ewigkeit
mir Mönsche reise mit

Es git e Zyt zum Blueme pflanze
Zytte zum desumetanze
es git e Zyt zum zäme Sy
und ou e Zyt nume für di

Es git e Zyt zum Boue, Schaffe
e Zyt zum Ganggle und zum Lache
Es git e Zyt zum Chinder ha
und e Zyt für i d Frömdi z gah

Es git e Zyt zum Hüser boue
e Zyt für nöiji Manne-Roue
Es git e Zyt wo alls chasch näh
e Zyt, wo öppis zrügg söttsch gäh

Es git e Zyt wo's louft u geit
e Zyt wo's eim hudlet wie leid
e Zyt wo di muesch dürebysse
e Zyt wo chönntisch Böim usschrysse

E Zyt im Mai zum Ryttigampfe
e Zyt im Herbst zum Trube Stampfe
e Zyt zu dyre Liebi z stah
e Zyt wo alles muesch la gah

ENDE

Roland Zoss | Musiker & Autor

Geboren 1951 in Bern zählt er zu den
grossen deutschen Songpoeten. Ab 1999
Konzertkarriere mit Kinderliedern in
Mundart, mit Hörspiel-Maus Jimmy-Flitz
Maus. Der Schreib-App ABC-Dino
Xenegugeli. Ein ganzes Schweizer-Kultur-
Universum fürs Kind in Bild und Ton.

✦ Lies den Musikroman «Hippie-Härz».
✦ Hör das Rockpoesie-Album «Härzland»

Belletristik

2025 «Paradisola» Inselgedichte

2025 «Kinder und Könige»

Gedichte & Lieder

2025 «Z Bärn im Rosegarte»

Bärndütschi Lieder & Gedicht

2024 «Die Geburt der Tage,

Kurzgeschichten

2023 «Formica» Fantasy-Erzählung

2021 «Hippie-Härz»

Musikroman & Hörbuch

Mundart für Kinder

Baumlieder: www.baumlieder.ch

Tier-ABC Xenegugeli: www.abcdino.swiss

Schweizermaus: www.jimmyflitz.ch

Kinderlieder & Noten: www.liederladen.ch

Porträt <u>Linkedin</u> • Porträt <u>Facebook</u>
Gesamtwerk: <u>www.rolandzoss.com</u>

Songs bei Spotify

«Hippie-Härz» Buch & Hörbuch
«Ein Mundart-Meisterwerk!»
Roland Ris, erem. Professor Germanistik